Peter Behrendsen
Cage-Stories

AF236112

Klaus Schöning gewidmet

P.B. im Gespräch mit Klaus Schöning (l.) und Gerhard Rühm (r.)
(Bild © Simon Rupieper)

Peter Behrendsen
„There is no reason to be right just once"

Cage-Stories

**Mit Beiträgen von
Gisela Gronemeyer
Peter Michael Hamel
hans. w. koch
Walter Zimmermann**

2. erweiterte Auflage

Impressum:

Sämtliche Abbildungen sind graphische Verarbeitungen des Ursprungstextes meines Hörspiels „Die Musik des Herrn der Gelben Erde". Die Schwarz-Weiss-Blätter wurden 1985 im Kölnischen Kunstverein ausgestellt und erschienen im 5. Band der von Herbert Henck herausgegegebenen Reihe „Neuland". Die beiden Seiten mit den erkennbaren Buchstaben verweisen auf den im Einführungstext kurz dargestellten Prozess der Entstehung.

Die im Abschnitt 'Erinnerungen' abgedruckten Texte wurden freundlicherweise von den dort genannten Autoren zur Verfügung gestellt.

P. B.   Köln 2020

© Behrendsen, Peter
Herstellung und Verlag BoD – Books on Demand, Norderstedt
ISBN 9783752658514

Buchkonzept und -gestaltung: Rolf Pausch

> „There is no reason to be right just once"
>
> *John Cage 1979 in einem Brief an P. B.*

Vorwort

Diese Geschichten erheben nicht den Anspruch einer wissenschaftlichen Analyse; neue Aspekte über die Bedeutung Cages in der Kunstgeschichte des 20. Jahrhunderts treten sicher nicht zu Tage. Eher geht es hier um seine Arbeits- und Lebensweise. Es sind Anekdoten, Begebenheiten, die ich während meiner verschiedenen Arbeiten mit oder für Cage erlebt habe, die aber das Bild von ihm vielleicht ergänzen. Die Geschichten sind chronologisch geordnet und betreffen hauptsächlich meine Mitarbeit an *Roaratorio, An Irish Circus on Finnegans Wake* sowie an seinem zweiten großen Hörspielprojekt *James Joyce, Marcel Duchamp, Erik Satie: An Alphabet* - Auftragswerke des Studio Akustische Kunst (Klaus Schöning). Die Erlebnisse während der Klang-Recherchen zu *Alphabet* wurden bereits im Heft 5 der von Herbert Henck herausgegebenen Jahrbücher „Neuland" (1984) veröffentlicht - ebenso meine Hommage TCHUON.

Köln, im November 2020   *P. B.*

Nordheim der Fertige fragte de
n Herrn de█████████████████ sp
rach:"Eure███████████████ die
Musik der Sphärenharm█████ auf
in den Gefilden des ███████ng
Sees.Als ich den ers███████z h
örte,bekam ich Angst██████ch d
en zweiten Satz hört██████te i
ch Erschöpfung;als ████████let
zten ███████rte,war███████rwir
rt.Un█████████he██████████ichk
eitsgefüh█████████████████auf
,un█████████rl█████████████t."
De█████████r spra██████████████
e d██████████ders█████
acht█████████████████nschl████
en Mitt███████████████te Himmli
sches dar██████████████ihre Bew
egungen nach████der███████████
nst und gab i███████████████
ie große Reinhe████████████ste

Peter Behrendsen

Roaratorio

1979 war ich in Paris im IRCAM bei der Auswahl der irischen Musik für *Roaratorio* – wir hatten nach unserem Urlaub einen Stopp in Paris gemacht, weil ich in der Bretagne noch einige Geräusche, die ich dort aufgenommen hatte, im IRCAM-Studio, wo die Komposition montiert und abgemischt wurde, abgeben wollte. Im Studio sagte Cage zu mir: "Ab fünf Uhr trinken wir immer Bier, aber wir haben keins mehr". Die unausgesprochene Frage war natürlich, ob ich für ihn welches besorgen könnte. Ich sagte, dass ich keine Zeit hätte; denn Verena und ich würden nur diesen einen Abend in Paris sein, und ich wollte noch etwas Zeit mit ihm im Studio und nicht unbedingt beim Einkaufen verbringen. Er sah mich enttäuscht und vorwurfsvoll an.

Wir (Cage, John David Fullemann, der Toningenieur von *Roaratorio* und ich) hörten uns die irische Musik: Gesang, Fiddle, Uillean Pipes, Flute und Bodhrán an und hatten unser Votum (gefallen oder nicht gefallen) abzugeben; nur bei einmütiger Entscheidung wurde ein Stück in die Endfassung aufgenommen, Diskussionen über persönlichen Geschmack gab es nicht. Cage hatte ein paar Mal Einwände, beugte sich jedoch jedes Mal diesen Entscheidungen, und wir wählten dann einen anderen Musiktitel, mit dem jeder einverstanden war. Er mochte besonders die intensive Rhythmik der Bodhrán (eine mit Fell bezogene Rahmentrommel, die mit einem Doppelschlegel gespielt wird), die Vater und Sohn Mercier großartig spielten. Er wiegte den Körper im Rhythmus der Musik. Bekannt ist ja, dass er die Rockmusik dem Jazz vorzog, weil sie rhythmusbetonter und lauter sei.

Als wir nach der Fertigstellung von *Roaratorio* in Paris zusammen mit vielen anderen Gästen bei Jackie Matisse (damals noch Monnier) eingeladen waren, saß ich am Tisch neben John David Fullemann und Cage. Jackie hatte für ihn ein makrobiotisches Essen zubereitet. Er sprach zu uns über die makrobiotische Diät, die er seit einigen Jahren bevorzugte, er missionierte weitschweifig und

Musik ... spricht zuerst d
en ... eschäfte
n,si ... n Ordnu
ng ... e wand
... erschi
ed ... und
... it.D
ie ... res
... t in Harm
onie a ... pfe.Die J
ahresze ... tr ... n nachei

Peter Behrendsen

schwärmerisch, z.B.: "kein Käse – die Japaner sagen, er bleibt viele Jahre unverdaut im Körper" usw. Vielleicht wirkten wir etwas indifferent oder zurückhaltend, aber zum Schluss sagte er schließlich: "But you young people, you can eat everything."

Cage war, was Geld betrifft, ziemlich bedürfnislos. Gordon Mumma erzählte mir einmal, dass er sich um andere Künstler kümmerte, um sie finanziell zu unterstützen, z.B. durch den John Cage Trust oder ihnen half, an Stipendien zu kommen. Für den Karl-Szuka-Preis, der vom damaligen SWF ausgerichtet wurde, erhielt er ein Preisgeld von 10.000 DM. Er verschenkte das Geld an John David Fullemann, an mich und an andere, die an *Roaratorio* mitgewirkt hatten. Ich bedankte mich per Brief bei ihm und schrieb, dass ich das Geld zum Kauf einer Tonbandmaschine verwenden würde. Er selbst war äußerst uninteressiert am Besitz von technischen Geräten, wünschte mir gleichwohl viel Glück für meine Arbeit.

In Donaueschingen fand die Verleihung des Karl-Szuka-Preis an Cage für *Roaratorio* statt, wir warteten vor dem Festspielhaus auf ihn. Er kam mit Teeny Duchamp im Taxi, stieg freudestrahlend aus und rief: "We've been watching tennis!" Bekanntermaßen hatte er an Sport nicht das geringste Interesse, schaute ihn aber seiner Freundin zuliebe an.

Im Winter 1982/83 fand im Saal des IRCAM die erste öffentliche Aufführung von *Roaratorio* statt, später folgten weitere und größere - z.B. mit der "Merce Cunningham Dance Company" (MCDC); Cage sprach/sang seinen Text, Joe Heaney sang aus seinem irischen Repertoire, und Pethar und Mel Mercier spielten Bodhrán. Ich war bei allen fünf Aufführungen im Auftrag von Klaus Schöning dort. Nach der ersten Performance ging ich nach oben ins Studio, wo John David Fullemann Mitschnitte u.a. mit der Kunstkopftechnik gemacht hatte. Eiligen Schrittes die Treppe hinunter mir entgegen kommend sah ich Pierre Boulez, Cages früheren Freund, nun Direktor des IRCAM, der sich bemühte, rechtzeitig zum Schlussapplaus präsent zu sein.

nander auf,und die Ge   höpfe

entstehen in ihrem La   Der

Wechsel   Blüte und Unterg

ang wi   bez   net durch fr

iedli   egerische Kl

änge.B   bald trübe ze

igt si   monie der lic

ht   u   h Weltkraft.W

anz

er

be

chr

r

'   ei

tung.B   ld To

d schien sie

ing sie wi

st und u

icht   Weise

Damals fragte Cage John Fullemann und mich, ob wir zu einem Essen bei einem Mitarbeiter von Boulez mitkommen könnten, bei dem er eingeladen war. Offenbar hatte er keine Lust, dort alleine hinzugehen.

Cage war ein sehr guter Koch. In Paris wohnte er immer in der früheren Wohnung von Max Ernst, die jetzt Dorothea Tanning, dessen Frau gehörte, die aber selten dort lebte. Im Backofen bereitete er für uns einen großen Kürbis zu, den er mit Bouillon und Gewürzen gefüllt hatte – es war köstlich. Das Rezept schien so einfach zu sein, aber alle meine drei Versuche, es zu Hause nachzukochen, schlugen fehl, und ich gab schließlich auf. Zur gleichen Zeit luden uns, John Fullemann und mich, die irischen Musiker Mel Mercier und Joe Heaney, zum Essen ein, wir müssten unbedingt ihren Hering nach irischem Rezept probieren; der wurde mit viel Butter im Topf zubereitet und war sehr fett und schwer. Wir waren höflich und aßen. Cage war sehr gastfreundlich, 1981 in New York bot er einmal J. Fullemann und mir ein sehr wohlschmeckendes makrobiotisches Gericht an, das er selbst zubereitet hatte.

1979 fuhr ich für eine Aufführung der MCDC nach Paris, im Théâtre Sarah Bernard war aber kein Platz mehr frei. Cage lud mich ein, im Orchestergraben bei den Musikern zu sitzen.

Er betrachtete sich als öffentlicher Mensch, zu dem jeder Zugang haben sollte. Seine Telephonnummer stand auch im New Yorker Telephonbuch. Jemand erzählte mir, dass er einmal mit Cage in NY telephoniert habe. Nach einer Weile habe dieser das Gespräch mit den Worten unterbrochen: „You're wasting public time."

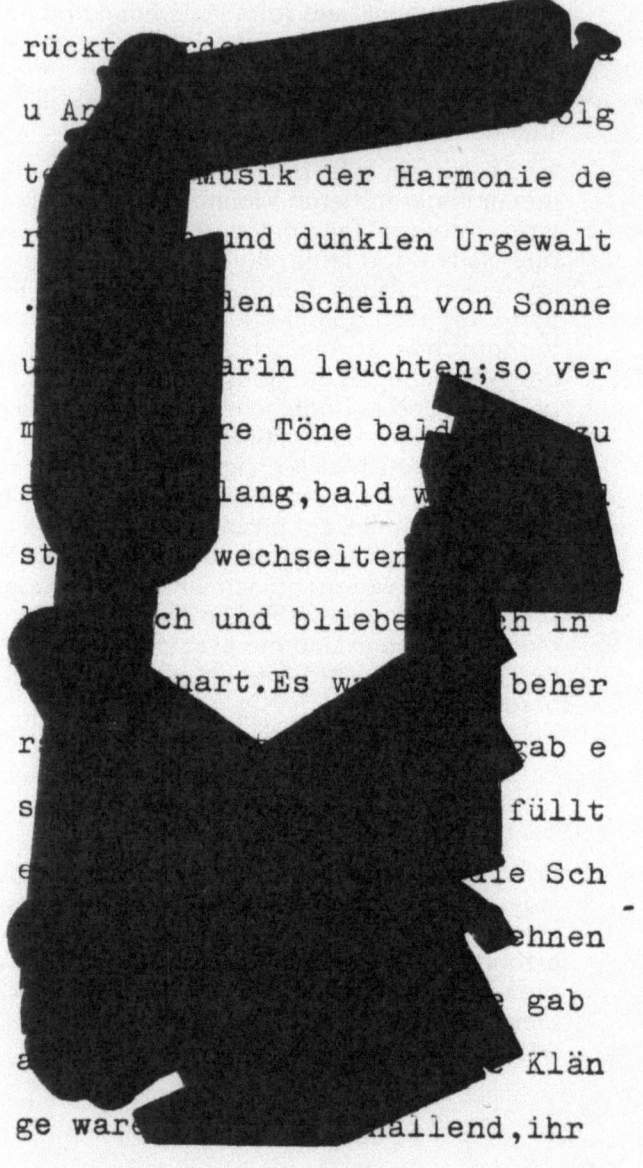

rückt

u An   olg

t   musik der Harmonie de

r   und dunklen Urgewalt

.   den Schein von Sonne

u   arin leuchten;so ver

m   re Töne bald   zu

s   lang,bald w

st   wechselten

             ch und bliebe   ch in

             nart.Es w   beher

r   gab e

s   füllt

e   le Sch

                                ehnen

                                e gab

a   Klän

ge ware   allend,ihr

Ton war hoch und klar.Darum wa

Peter Behrendsen

AUF KLANGSUCHE
Vorarbeiten zum Hörspiel *Alphabet* (1984)

Meine Aufgabe für *James Joyce, Marcel Duchamp, Erik Satie: An Alphabet* bestand darin, für die Montage im Studio Geräuschbänder bereitzustellen. Cage stellte dafür eine Liste von "rationalen und irrationale Klängen und Geräuschen" zusammen. Anders als bei Roaratorio hatte ich hier viele Klänge selbst aufzunehmen: Laufen, Gehen, Atmen, Schreiben, Radfahren etc. Vieles kam nur mit Hilfe von Freunden zusammen, und ich bemühte mich, nach Möglichkeit Leute um Hilfe zu bitten, bei denen ich von einem gewissen Interesse für Cages Werk ausgehen konnte: die Flötistin Carin Levine sprang im Kölner Operhaus gleichzeitig mit dem "ständigen Heben und Senken des Deckvorhangs" auf den Bühnenboden, Martin Thewes ermöglichte mir den Zugang zu einem elektronischen Stimmerzeuger der Gruppe Kraftwerk (mit deutschem! Akzent); Stephan Sauvageot half mir, im Feedback Studio "sich bewegende Klaviere" aufzunehmen, Günter Porrmann stellte mir seine Polaroidkamera und zum Zerreissen ein altes Jackett zur Verfügung; als "Satie Melody" wählte ich die Komposition *Sonneries de la Rose et Croix*, gespielt von Gerhard Rühm. Die Aufnahmen gestalteten sich oft zu kleinen Abenteuern, bei denen ich ständig in neue, ungewohnte Situationen geriet und in Erfahrungen, die ich auf andere Weise sicher nicht gemacht hätte.

"Whispering Sanskrit"

Jemanden zu finden, der sich mit der alten indischen Hochsprache in Religion, Literatur und Wissenschaft auskannte, war glücklicherweise nicht schwer; ich hatte sofort an Klarenz Barlow gedacht, den aus Kalkutta stammenden, in Köln lebenden Komponisten. Er willigte ein, sagte aber, dass er Sanskrit nicht frei sprechen könne, und außerdem habe er keinen klassischen alten Text sondern nur eine Sanskrit-Grammatik. Wir entschieden uns für

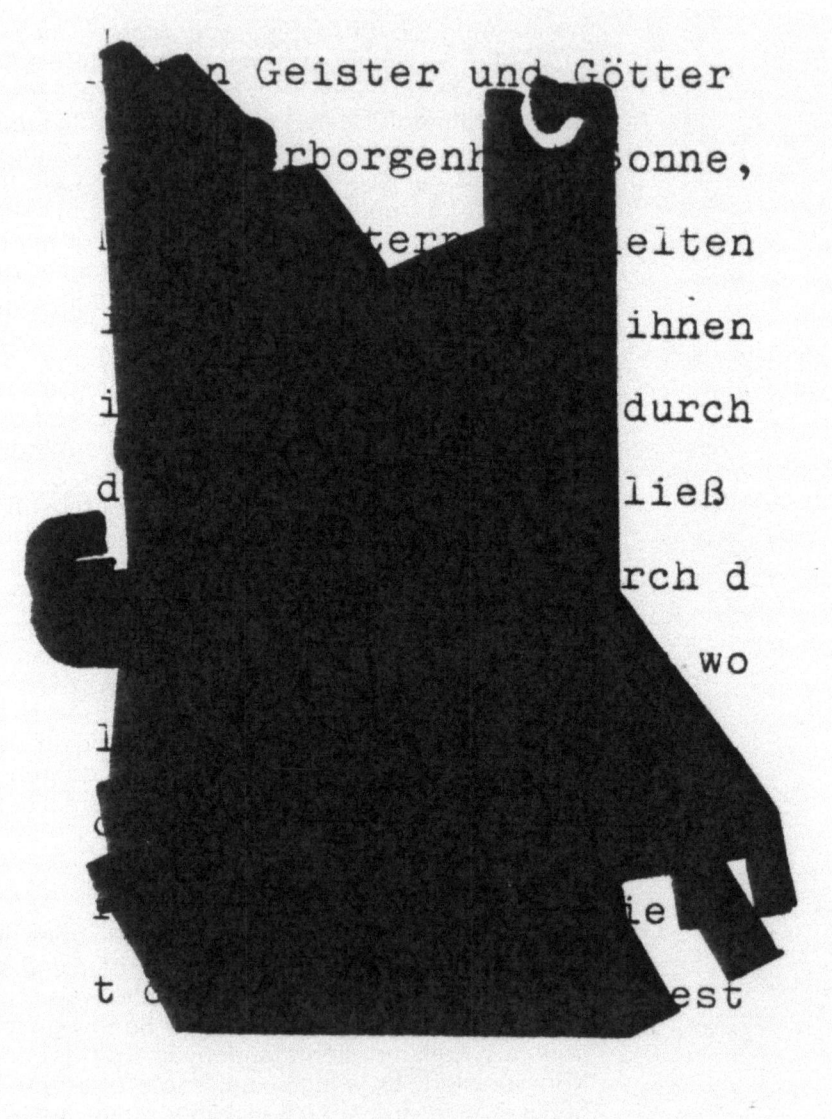

n Geister und Götter

rborgenh   onne,

tern   elten

ihnen

durch

ließ

rch d

wo

ie

t   est

Peter Behrendsen

einen Abschnitt, in dem sich ein Obstverkäufer mit einem Kunden über den Preis seiner Ware streitet. Ich fragte Cage, ob er mit diesem profanen Text einverstanden sei. Ohne zu zögern, antwortete er mit ja.

"Boomerang"

Mein erster Gedanke war, im 'Heimatland' des Boomerang nachzuforschen. Ich hatte eine Adresse von jemandem an der *Sydney Broadcasting Station*; auf meine Anfrage nach dem Geräusch eines möglichst fliegenden Boomerangs erhielt ich nie eine Antwort. In einem Spielzeuggeschäft kaufte ich eine Sperrholzimitation, die ein finnischer Speerwurf-Olympiasieger entworfen hatte; an eine Aufnahme des nur mühsam fliegenden Geräts war wegen der technischen Schwierigkeiten nicht zu denken, ganz zu schweigen davon, dass ein Fluggeräusch gar nicht zu hören war - und zu allem Überfluss zerbrach er. Ich kaufte einen zweiten Boomerang, diesmal aus Plastik und entschloss mich, ihn im Studio einfach zu Boden fallen zu lassen und dies Geräusch zu verwenden. Cage gefiel das nicht, und John David Fullemann kam auf eine bessere Idee: er montierte einen Boomerang auf die Achse eines Elektromotors und nahm so das Windgeräusch des sich drehenden Boomerangs auf.

"Making of Vinegar"

Essig wird heute in der Regel in industriellen Großanlagen hergestellt. Betriebe dieser Art lagen zu weit von Köln entfernt, und außerdem sagte man mir am Telephon, es sei sowieso nichts zu hören. Ich fand dann in Köln-Bickendorf einen der noch existierenden Kleinbetriebe, der Besitzer hatte nichts gegen eine Aufnahme einzuwenden. Als ich dorthin kam, war ich zunächst entäuscht; was dort zu hören war, entsprach der üblichen Geräuschkulisse einer kleinen Fabrik: Maschinen, Pumpen etc. Was ich dann aufnahm, hörte ich in einem riesigen Holzfass (ca. 5-6 Meter hoch, Durchmesser 3-4

nichts sehen;du folgtest i
hr,aber du konntest sie ni
cht erreichen.So standest
du überwältigt am Weg zum
Nicht   lehntest dich au
f dei   und summtest
mit.De   erschö
pfte sic   chaue
n begehrte   un
erreichbar b   es
t   r die
ei   res

Hö
füh   im
dri   e Mus
ik   söpf
ung   Ich s
t   es
          er   m fol
gten sich die Töne wie spr
udelnde Quellen,wie üppig

Peter Behrendsen

Meter): Rohessig, Maische genannt, wurde nach oben auf die Höhe des Fassdeckels gepumpt und rieselte von dort auf eine Schicht grober Buchenholzspäne. Dort fermentierte er, tropfte auf den Boden und wurde abgefüllt. Um die fallenden Tropfen deutlich aufnehmen zu können, wurden die Pumpen auf meinen Wunsch abgestellt und in der Seitenwand des Fasses ein Spundloch geöffnet, durch das ich ein Mikrophon stecken konnte.

"Gimbal"

Gimbals, kardanische Aufhängungen, werden etwa auf Schiffen verwendet. Herde, Kompasse, Lampen werden in zwei um 90 Grad zueinander versetzten, voneinander unabhängigen Ebenen aufgehängt, damit sie bei jeder Schiffsbewegung - seitlich oder in der Längsachse - immer möglichst senkrecht zum Erdmittelpunkt ausgerichtet sind. In einem Geschäft im Kölner Rheinauhafen gab es zwar Kreiselkompasse - leider aber funktionierten sie so gut, dass sie nicht das geringste Geräusch von sich gaben. Normalerweise soll so ein Kompass eben kein Geräusch verursachen - wenn er das nicht tut, läuft er nicht leicht genug, sonst kann er, wegen der Reibung die Schiffsbewegungen nicht genug kompensieren. Im selben Hafen traf ich auf einen Mann, der sagte, er habe auf seinem Schiff einen Kreiselkompass und kardanisch aufgehängte Lampen. Er wohnte auf dem Schiff, seinem einzigen Besitz. Da er von der Sozialfürsorge lebte, hatte er kein Geld für Treibstoff und konnte nicht auslaufen. Andererseits konnte er auch nicht weg, denn dann würde er seinen Anspruch auf Unterstützung verlieren. Nachdem er mir so ziemlich seine ganze Lebensgeschichte erzählt hatte, zeigte er mir Kompass und Lampen - sie waren genau das, wonach ich gesucht hatte. Dies war ein altes Schiff, und die kardanischen Aufhängungen waren seit 40 oder 50 Jahren nicht geschmiert worden - man hörte ein schabendes Geräusch. Dem Hund des Mannes gefiel meine Anwesenheit in der Kabine nicht; er bellte ununterbrochen, sodass wir ihn aussperren

sprossende Pflanz▮ ▮ie die Freude der W

älder,die den Bli▮ ▮verborgen ist.Sie

b▮ ▮te sich ▮ ▮ Bewegungen aus un

d▮ ▮mer

▮ ▮ Je

▮ ▮efen.Der

ei▮ ▮ten,der andere für

▮ ▮irklichkeit,ein ande

▮ ▮▮ ▮ Töne·flossen aufgelös

t dahin.Ohne b▮ ▮chendes Motiv war es

eine ewige Melo▮ ▮ie Welt versteht sie

nicht und muß si▮ ▮ur Beurteilung dem Be

rufenen überlassen.Der Berufene erfaßt i

mussten. Aber auch draußen hörte er nicht auf, er ist auf allen Aufnahmen zu hören. Am Schluss verlangte der Mann Geld, ich gab ihm etwas.

"2 kinds of x-ray sounds"

Außer dem Geräusch eines Röntgenapparats im Geräucharchiv des WDR, brauchte ich noch eins. Verabredungen mit dem Arzt und Kunstsammler Dr. Speck kamen nie zustande, also ging ich zu einem anderen Arzt. Obwohl der eine Röntgenassistentin beschäftigte, ließ er es sich nicht nehmen, mir stolz alle möglichen Gerätschaften vorzuführen, indem er sie nacheinander ein- und ausschaltete. Danach ging ich noch ins Kölner Städtische Gesundheitsamt, zur Schirmbildstelle. Die Frau dort meinte wohl, das bloße Geräusch eines Röntgengeräts sei zu uninteressant, jedenfalls spielte sie mir eine kleine Szene vor, mit denselben Anweisungen und Handgriffen, die sie sonst bei Patienten anwandte.

Weitere Klänge

In Cages Listen waren auch einige exotische Vögel aufgeführt, deren Töne im Geräuscharchiv des WDR fehlten. Auch die vorhandenen Spechtklänge reichten nicht aus, zumal Spechte auf den Listen recht häufig vorkamen. So ging ich schließlich ins Zoologische Institut der Kölner Universität zu einem Wissenschaftler, der mir unter anderem eine Schallplatte ausschließlich mit Spechtklopfen gab. Ein Take auf dieser Platte enthält die Aufnahme eines Grauspechts, der an eine Luftschutzsirene klopft (Grauspechte lieben stark resonierendes Material, wie ich aus dem Begleittext erfuhr); diese Aufnahme ist auch im Stück enthalten. Ein paar Tage nach den Treffen mit diesem Wissenschafter, entdeckte ich im Stadtwald ein Grünspecht-Pärchen, das ich vorher nie bemerkt hatte. Jener Zoologe wies mich noch auf einige seltene Vogelarten in seinem Hinterhof hin, deren Verhalten er beobachtete.

hre Gefühle und vermag ihr

en setzen zu folgen.Wenn

nsich bkraf

t pannt und doch all

e ile haben,das is

t hi e Musik.Wortlos

erfre erz.So h

at der rbels zu

Lo "Man horc

ch ihr ört nicht

Laut haut nach

nd si t ihre F

Sie e un

e und z

.Du

e D

wurd .D

le Musik n

gst aus, wu

rdest du eß

ich die en

,durch ur

dest chl

uß e ung

,du wirrung fühl

test als Tor.

Während der Vorarbeiten für *Alphabet* traf ich Cage einmal auf der Domplatte. Da ich gelegentlich Probleme bei der Entscheidung für oder wider eines von den Geräuschen hatte, fragte ich, für welches ich mich in so einem Fall entscheiden solle. Er sagte: "The first one, you will come across."

Alphabet

Im Winter 1980/81 war ich bei der Vorproduktion zu *Alphabet* einige Male in Cages Wohnung an der Ecke 18th/6th Street – ziemlich laute Geräusche drangen unten von der Straße herauf, aber er mochte es so. In einem mit Pflanzen, die bis zur Kopfhöhe wuchsen, fast vollständig gefüllten Raum standen auf einem langen Tisch zwei Tonbandmaschinen, auf denen die Klänge und Geräusche für Alphabet zusammengestellt wurden, die ich in Köln gesammelt hatte. Bei der Geräuschauswahl in New York ging er sehr schnell und völlig unsystematisch vor. Oft hatte ich für ein Geräusch mehrere Versionen angeboten. Häufig nahm er die erste Version, ohne die nachfolgenden Takes überhaupt anzuhören; andererseits wählte er z.B. bei "Kendo" (japanischer Kampfsport) von 13 Takes den letzten, lebhaftesten aus. Für "sounds outside a museum" hatte ich eine Version angeboten, bei der sich während der Aufnahme vor dem Wallraf-Richartz-Museum eine niederländische Schulklasse vor das Mikrophon drängte und laut auf mich einredete. Cage wählte eine Version mit Verkehrsgeräuschen. Bei zwei Aufnahmen: "Gagaku" und "sound of mind" (Gehirnströme) verlangsamte er die Bandgeschwindigkeit um die Hälfte.

Eins der Geräusche im 16. und vorletzten Kapitel ist mit **"Hawaii"** bezeichnet; es ist der Abschnitt, in dem Cage um ein James-Joyce-Mesostichon herum über Idealismus – Materialismus, Schein – Realität und über die Identität von Tod und Leben im Zen-Buddhismus schreibt. Sofort war mir die übliche amerikanische Hawaii-Folklore eingefallen; mir lag jedoch daran, originäre, alte Volksmusik zu finden. Trotz allen Bemühens konnte ich in den WDR-Archiven nichts dergleichen auftreiben, sodass die Auswahl schließlich doch auf jenes stereotype Klischee hinauslief. Mit Hilfe des I Ging bestimmte Cage Länge, Dauer und Lautstärke der eingespielten Klänge. Jedoch ergab das I Ging hier, dass die Hawaii-Musik – dazu kamen noch weitere Geräusche – sich fast durch das gesamte Kapitel mit ziemlicher Lautstärke hindurchziehen würde. Cage rief halb traurig halb scherzend aus: "Oh, it will ruin my philosophic chapter". John Fullemann nahm die Lautstärke ungefragt und unwidersprochen stillschweigend zurück. Ein weiteres Geräusch hieß: "bicycle wheel used as instrument". Cage ließ ein Fahrrad in seine Wohnung bringen und bespielte die Speichen des Rades – eine Anspielung auf Duchamps *Roue de Biyclette/Bicycle Wheel* von 1913.

"Japan"

Für "Japan" hatte ich ursprünglich an Dichtung gedacht, da Cage bekanntlich Rengas und Haikus mochte. Ein Japanologe, den ich nach vielen Mühen endlich telephonisch erreichte, kannte sich wohl mit japanischer Dichtung aus, war aber eher daran interessiert, ein Hörfunk-Feature über Rengas unterzubringen. Im Japanischen Kulturinstitut wandte ich mich mit derselben Frage an eine japanische Bibliothekarin. Sie wusste keinen Rat, bat mich aber, in ein paar Tagen wieder anzurufen. Zu meinem Erstaunen überreichte sie mir eine 60-Minuten Kassette, die sie aus eigenem Entschluss, ohne eine Bitte oder Aufforderung meinerseits mit neuen und alten Haikus besprochen hatte. Nach längerem Überlegen wählte ich schließlich doch Kabuki- und Gagaku-Musik aus.

Peter Behrendsen

Metz 1985

Ich fuhr zu den 'Rencontres Internationales de Musique Contemporaine'. Von Cage wurde dort u.a. im dortigen Bahnhof sein *Musicircus* aufgeführt. Ich traf dort ein, als die Performance in vollem Gange war (was ich aber erst später bemerkte) und sah Cage, wie er einen großen Tisch beiseite rückte. Ich gab ihm die Hand und begrüßte ihn. Diese Aufführung war insofern anders als von ihm gewünscht, weil jeder Musiker versuchte, den anderen durch Lautstärke zu übertreffen, was aber nicht Cages Intention entspricht. Für ihn endete die individuelle Freiheit da, wo die des anderen begann. Erst später begriff ich, dass seine Aufräumaktion metaphorisch zu verstehen war – als stille Aufforderung, sich an seine (minimalen) Anweisungen zu halten. Cage war Anarchist, aber er hat immer den Gegenpol zur Anarchie, Disziplin, betont – Willkür lehnte er ab.

Erinnerungen

Gisela Gronemeyer

Ich habe Cage 1985 einmal gefragt, wie es kommt, dass er in seiner Textkomposition „Mushrooms et Variationes" dem Craterellus cornucopeidis (Totentrompete), seinem Lieblingspilz, mehr Zeit einräumt als den anderen, was nach seiner Zeiteinteilung von einer Viertelstunde pro Pilznamen eigentlich gar nicht sein darf. Seine Antwort: „That is to steal from Peter to pay Paul."

Peter Michael Hamel

Erinnerungen an die europäische Erstaufführung von *Harpsichord* am 18.7.1972 in Berlin.

Am späten Abend des 17.7. über Mitternacht hinaus hatte Cage mir 25-Jährigem die Ehre gegeben, als ich erstmals „mein" präpariertes Klavierstück „Mandala" öffentlich präsentierte. Natürlich waren die „Sonatas and Interludes" große Inspirationsquelle, John Tilbury hatte mir die dortigen Präparationsanweisungen nahegebracht und bei Riedl hatte ich Simone Rist bei „She is asleep" and „The Wonderful Widow" mit nur vier präparierten Tönen zu begleiten.

„I loved it!" Welch Kompliment hat er da ausgesprochen, als wir uns mit den unzähligen Mitwirkenden in der Westberliner Philharmonie zur Generalprobe trafen. Alle Foyers waren mit Leinwänden gefüllt, Diaprojektoren, Filmprojektoren, 52 Tonbandgeräte in allen Ecken, auf den Treppen, in den Gängen der Stockwerke verteilt. Schon allein logistisch eine Meisterleistung von Josef Anton Riedl. Vier Cembali auf einem Extrapodest im großen Foyer, eine Laserkanone mit rotem Punkt hinter dem Flügel im philharmonischen Saal. John fragte jeden, was er denn zu machen hätte, und wie das dynamisch zu gestalten wäre. Ich hatte eines der

Peter Behrendsen

vielen Tonbandgeräte zu bedienen und fragte ihn frech, ob es auch möglich sei, das Tonband ganz leise bis unhörbar abzuspielen. Er lachte und akzeptierte.

Auf seinen besonderen Wunsch hin fand dann ja während der Aufführung im Foyer ein Parallelkonzert im Konzertsaal der Philharmonie statt. Von den meisten Besuchern abends unbemerkt spielten Lissa Bauer und Gerhard Rühm dort Klavierstücke jener Komponisten, die in den Montagen der Cembalo-Parts zitiert wurden: Mozart, Beethoven, Schumann, Chopin, Skrjabin, Schönberg. Cage spielte einige seiner frühen Klavierstücke. Unvergesslich für mich, ihn da unter dem roten Punkt des Laserstrahls sitzen und spielen zu sehen, fast anonym, das riesige leere Auditorium vor sich.

hans. w. koch
cage in weingarten

1987, für die zweite ausgabe der tage für neue musik weingarten brachten heinz-klaus metzger und rainer riehn keinen geringeren als john cage in das verschlafene oberschwäbische städtchen, an dessen pädagogischer hochschule ich damals einem realschullehramtstudium nachging. vom vorauseilenden ruf des großen komponisten angezogen, sah man bei der offiziellen begrüßung im barocken festsaal der PH auch eine – sonst bei ereignissen zeitgenössischer kultur eher selten anzutreffende – auswahl an honoratioren der stadt, inklusive dem oberbürgermeister mit schwerer amtskette. nach einigen begrüssungsworten des rektors und der programmvorstellung, von heinz-klaus metzger mit rothändlegesättigter stimme vorgetragen, nahm der berühmte gast an einem kleinen holztisch auf dem podium platz und fragte mit freundlich gewinnendem lächeln auf englisch ins publikum: ob wir nicht einverstanden seien, dass es an der zeit wäre, die regierungen abzuschaffen? - um zu verstehen, warum diese frage das publikum entlang der applausgrenze teilte wie moses das rote meer, muss man wissen, dass oberschwaben in jenen zeiten politisch eher schwarz und obrigkeitlich orientiert war, wie wir als linksradikal verschrieene studierende im jahr zuvor anlässlich der atomkatastrophe von tchernobyl und der reaktion auf unsere demonstrationen für eine bessere information der bevölkerung hatten lernen müssen. jedenfalls konnte man diverse honorige kinnladen bis jenseits der amtsketten fallen sehen: ein als harmlos verkleideter anarchistischer anschlag auf die ordnung, der anscheinend ein wochenende an reparatur der geistig-moralischen konstitution erforderte: bei den konzerten der folgenden tage waren jedenfalls meiner erinnerung nach keine amtsträger mehr zu sehen. dabei gab es einige bemerkenswerte aufführungen allen voran eine von cage speziell für weingarten angefertigte fassung von *empty words teil IV*, die er in einem turmzimmer der PH bei langsam einbrechender dämmerung vom schein einer kerze unterstützt, in einem eigenartigen singsang vortrug, unterteilt durch immer länger werdende pausen. diese mehrstündige aufführung – für mich das beeindruckendste und rätselhafteste ereignis des wochenendes – wurde von einem techniker der PH auf video aufgezeichnet, damals noch eine novität. leider allerdings befand jener techniker das ergebnis nicht für bewahrenswert und löschte die videobänder schon am tag danach, um das material für interessantere zwecke frei zu haben (so berichtete mir jedenfalls die äusserst aufgebrachte rita jans, gründerin der tage für neue musik und meine klavierlehrerin an der PH).

Walter Zimmermann

John Cage war für mich schon seit meiner Jugend von großer Bedeutung, vor allem in der Phase um 1950, die ich die „naive" Periode nenne, da er dort einen einfachen Zugang zu Klängen gewährte, bevor er sich mit „Music of Changes" zur Boulez Schule positionierte. Vor allem das „Stringquartet in four parts" (1950) mit seiner kaleidoskopartigen

Peter Behrendsen

Komponierweise hat mich begeistert. Ich traf ihn dann zum ersten Mal beim pro musica nova Festival (1974) in Bremen mit Tudor. Da entstand die Idee zu "Desert Plants. Conversations with 23 American musicians" (1976/2020), und meine damalige Partnerin, die Amerikanerin Carol Byl, motivierte mich, diese Reise nach NY, Chicago etc. zu den Komponisten der experimentellen Musik zu wagen. Ich klingelte in der Bank Street, und er ließ mich ein, so unkompliziert und gastfreundlich wie er war. Er war gerade mit den Stücken zu „Apartmenthouse 1776" beschäftigt, da das Bicentennial der USA vor der Tür stand. Das Interview transkribierten wir mit allen aus und ums nach der Idee des cinéma verité. „Desert Plants" wurde dann ein Jahr später veröffentlicht und war ziemlich schnell ausverkauft, da dort sich eine Szene wiederfand, die prägend für die experimentelle Musik wurde. Natürlich habe ich wichtige Repräsentanten vergessen oder nicht erreicht, sicher auch David Behrman und Maryanne Amacher.

Cage stellte ich auch im Beginner Studio mit seinen Stücken für das präparierte Klavier und eben Stücke aus dieser „naiven" Phase vor, als er in Bonn im Juni 1979 gefeiert wurde. Den „Musicircus" den ich in diesem Festival auf Einladung von Hans-Jürgen Nagel und J.A.Riedl in Bonn am Rhein im Gelände der Bundesgartenschau mit 500 Beteiligten organisierte, begeisterte Cage, Tudor und Teeny Duchamp, die dabei waren. Mich brachte es an die Grenzen meiner Belastbarkeit. So arbeitete ich meine Verehrung für Cage ab in großen Anstrengungen. Maryanne Amacher gab dort zusammen mit Cage auch die erste komplette Aufführung von „Empty Words", sie ging vom späten Abend bis zum frühen Morgen. Eine tiefe Erfahrung, die subtilen Geräusche von Walden Pond und Cages Stimme eine Nacht hindurch zu hören. Ich war sehr ergriffen. Von diesem „Spirit of Place" wurde ich sehr inspiriert. Ich komponierte ja zur gleichen Zeit an meinem Zyklus „Lokale Musik".

Mit Stefan Schädler organisierte ich 1992 schließlich zu Cages 80stem Geburtstag in Frankfurt das Festival Anarchic Harmony, zu dem er nicht mehr kam, er starb kurz vorher. (Der Kritiker Jungheinrich meinte, wir wären an seinem Tod mitschuld, ihm soviel im Vorfeld abzuverlangen.) In NYC, als qua Einladung Cages meine Musik zu „Change of Address" (1992) von der Merce Cunningham Dance Company aufgeführt wurde, hatten wir erste Gespräche zu diesem Festival. Ich erinnere mich noch gut an seine Wohnung im obersten Stockwerk der Hudson Street in Midtown, nicht mehr in der Bank Street Greenwich Village, als ich ihn 1975 zum ersten Mal besuchte, um das Interview zu „Desert Plants" zu machen. In dieser Zeit (1989) wurde ich auch nach Telluride zu „Composer to Composer" eingeladen, wo auch Cage über seine Musik sprach. Ich erinnere mich noch gut, wie er Nanne Meyer und mich zu einem köstlichen Pilz-Gericht einlud. Er war immer sehr gastfreundlich zu allen. Eine hohe Kunst, dies zu bleiben bei all seinen Anforderungen, die er zu bewältigen hatte. Meine Musik schätzte er, da sie, wie er einmal sagte, eine „Absenz von Platz und Ort" sah, wie David Revill in seiner Cage Biografie erwähnt. (S.411) John Cage blieb mein Fixstern am Himmel der Musik. Ich verdanke ihm unendlich viel, vor allem Durchhaltevermögen, bei Widerständen nicht aufzugeben ...

TSCHUON (1985)
Hommage an John Cage

von Peter Behrendsen

TSCHUON entstand ursprünglich 1984 als Text-Sound-Komposition im Auftrag des WDR3-Hörspielstudios mit dem Titel "Die Musik des Herrn der Gelben Erde", das Stück hatte eine Dauer von 24', enthielt als Musik den in elektronischen Klang transformierten Text sowie den gesprochenen Ursprungstext. Die Notwendigkeit für TSCHUON entstand aus dem Bedürfnis, das Stück in einer Live-Situation aufzuführen.

Es knüpft konzeptionell an die Textkompositionen bzw. an die "Mesostics-Methode" John Cages an, mit der er neue Texte aus alten generierte. Er arbeitete dabei mit den Initialen von Personen, die ihm viel bedeuteten (James Joyce, Marcel Duchamp, David Tudor, u.v.a.). Meine Absicht war es, diese Methode zu variieren, indem ich graphische Mittel verwendete, man könnte das Ergebnis "Graphistics" nennen.

TSCHUON ist die Adaption eines Textes des taoistischen Philosophen Dschuang Tse (4. Jh. vor JC) mit dem Titel *Die Musik des Herrn der Gelben Erde*. Darin wird eine un-kultivierte Musik beschrieben, deren starke körperliche wie psychische Wirkung rationales Verstehen negiert und die Aufhebung des Ich-Bewußßseins in eine spirituelle Ganzheit intendiert. In vielen der Gedanken des Textes sah ich Parallelen zum Denken John Cages, und ich überlegte, wie ich diese Beziehung in einen Text umsetzen könnte. Der Titel TSCHUON ist im übrigen eine verballhornte Zusammenziehung der Namen Dschuang Tse und John.

Die Musik, von der im Ursprungstext die Rede ist, wollte ich für die Komposition keinesfalls neu erfin-

den oder versuchen, sie nachzuempfinden und so etwa dem Zuhörer eine bestimmte musikalische Assoziation nahelegen; es war nicht meine Absicht, den Text zu vertonen. Material des Stückes sollte ausschließlich der Text selbst bzw. der gesprochene Text sein. Musik, der Gegenstand des Textes, sollte ausschließlich sprachlich, durch musikalisierte Sprache vermittelt werden.

Der aus dem Ursprungstext abgeleitete, neue Text entstand durch Anwendung systematischer Zufallsmethoden (I Ching): durch Unterteilung des Originaltextes erhielt ich 8 unterschiedlich große Textformate bzw. -flächen, auf die ich in mehreren Arbeitsschritten die graphischen Letraset-Formen der Initialen JOHN CAGE auf ihre Postionen projizierte. Nach vielen Versuchen mit verschiedenen Methoden gelangte ich zu einem Resultat, das mich zufriedenstellte, und das war die Version, in der ich den Buchstaben die größte Freiheit gab, sich auf der Textfläche zu bewegen. Alle weiteren, eine Entscheidung fordernden Fragen wurden mit Hilfe von Münzwürfen bzw. durch die Hexagramme des I Ching bestimmt: welche Größe sollte ein Buchstabe haben; würde ein Buchstabe sich auf der Fläche bewegen oder nicht; und schließlich, um welchen Winkel zwischen 0 und 360 Grad sollte ein Buchstabe gedreht werden.

Es ergaben sich so zwei bruchstückhafte Texte, in denen Worte, Silben und Buchstaben als gleichberechtigt angesehen werden: der eine Text liegt innerhalb der Umrandungen der Initialen JOHN CAGE, der andere außerhalb der Buchstaben.

Beide Texthälften werden in einer Aufführung simultan gelesen; obwohl aber der Zeitverlauf der Teile 1-8 dem Originaltext folgt, kann dieser vom Hörer nicht rekonstruiert werden, das Resultat ist vielmehr ein fragmentarisches, scheinbares Ganzes. Jeder der gesprochenen 8 Teile hat eine Dauer von genau 2 Minuten, durch die jeweiligen Textformate und Materialmengen stellt sich in den Teilen eine unterschiedliche Dichte von Text sowie auch Wiederholungen ein. Die graphischen Zeichen sollen

14'

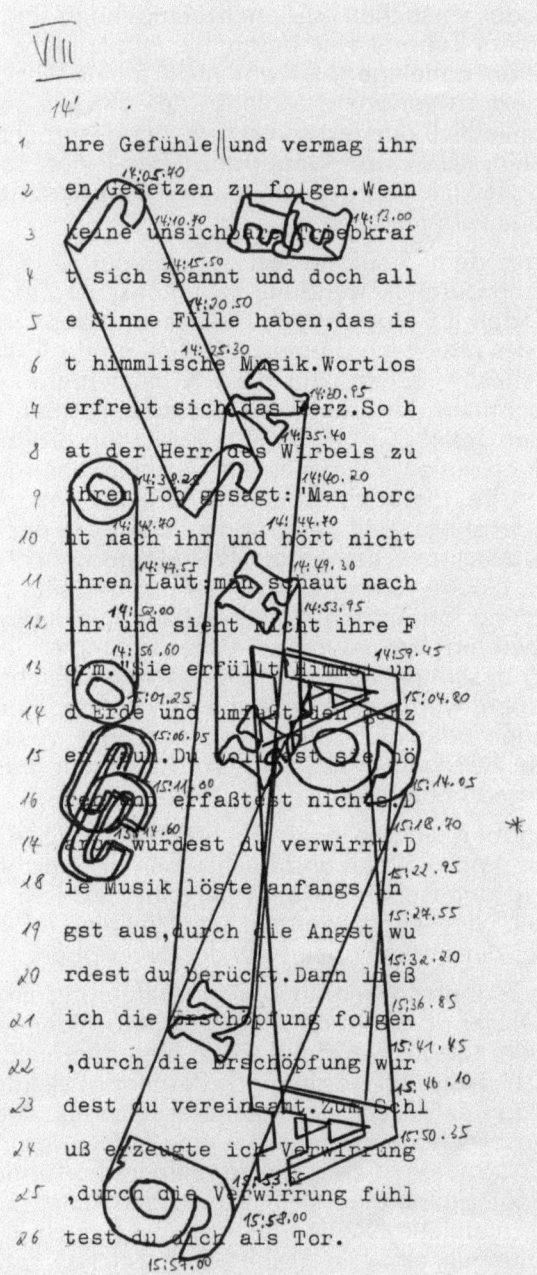

1 hre Gefühle||und vermag ihr
14:05.40

2 en Gesetzen zu folgen.Wenn
14:10.90   14:13.00

3 keine unsichbare Triebkraf
14:15.50

4 t sich spannt und doch all
14:20.50

5 e Sinne Fülle haben,das is
14:25.30

6 t himmlische Musik.Wortlos
14:30.95

7 erfreut sich das Herz.So h
14:35.40

8 at der Herr des Wirbels zu
14:39.20   14:40.20

9 ihren Lob gesagt:'Man horc
14:44.40   14:44.70

10 ht nach ihr und hört nicht
14:44.55   14:49.30

11 ihren Laut:man schaut nach
14:52.00   14:53.95

12 ihr und sieht nicht ihre F
14:56.60   14:59.45

13 orm.'Sie erfüllt Himmel un
15:01.25   15:04.80

14 d Erde und umfaßt den Gang
15:06.05

15 erraum.Du wolltst sie hö
15:11.00   15:14.05

16 ren,erfaßtest nichts.D
15:14.60   15:18.70

17 arum wurdest du verwirrt.D
15:22.95

18 ie Musik löste anfangs An
15:24.55

19 gst aus,durch die Angst wu
15:32.20

20 rdest du berückt.Dann ließ
15:36.85

21 ich die Erschöpfung folgen
15:41.45

22 ,durch die Erschöpfung wur
15:46.10

23 dest du vereinsamt.Zum Schl
15:50.35

24 uß erzeugte ich Verwirrung
15:53.65

25 ,durch die Verwirrung fühl
15:58.00

26 test du dich als Tor.
15:57.00

von den Sprechern lautlich und sprachlich interpretiert werden, sie bilden Anhaltspunkte für die klangliche Umsetzung: Färbung, Lautstärke, Dauer etc. Die Reihenfolge der Textelemente innerhalb jedes einzelnen Teils ist unveränderlich. Pausenlängen können jedoch individuell bestimmt werden; dadurch wird im Rahmen gewisser Grenzen ein offener Dialog, d.h. Improvisation zwischen den Sprechern möglich.

Beinflusst wurde TSCHUON durch Ideen von John Cage, Jackson Mac Low und Arrigo Lora-Totino.

1 Nordheim der Fertige fragte de

2 n Herrn der Gelben Erde und sp

3 rach:"Eure Majestät führte die

4 Musik der Sphärenharmonien auf

5 in den Gefilden des Tung Ting

6 Sees.Als ich den ersten Satz h

7 örte,bekam ich Angst;als ich d

8 en zweiten.Satz hörte,fühlte i

9 ch Erschöpfung;als ich den let

10 zten Satz hörte,war ich verwir

11 rt.Unaussprechliche Unendlichk

12 eitsgefühle stiegen in mir auf

13 ,und ich verlor mich selbst."

14 Der Herrscher sprach:"Es konnt

15 e dir nicht anders gehen.Ich m

16 achte die Musik mit menschlich

17 en Mitteln,aber stellte Himmli

18 sches dar.Ich ordnete ihre Bew

19 egungen nach den Regeln der Ku

20 nst und gab ihr Gestalt durch d

21 ie große Reinheit.Die höchste →

Peter Behrendsen

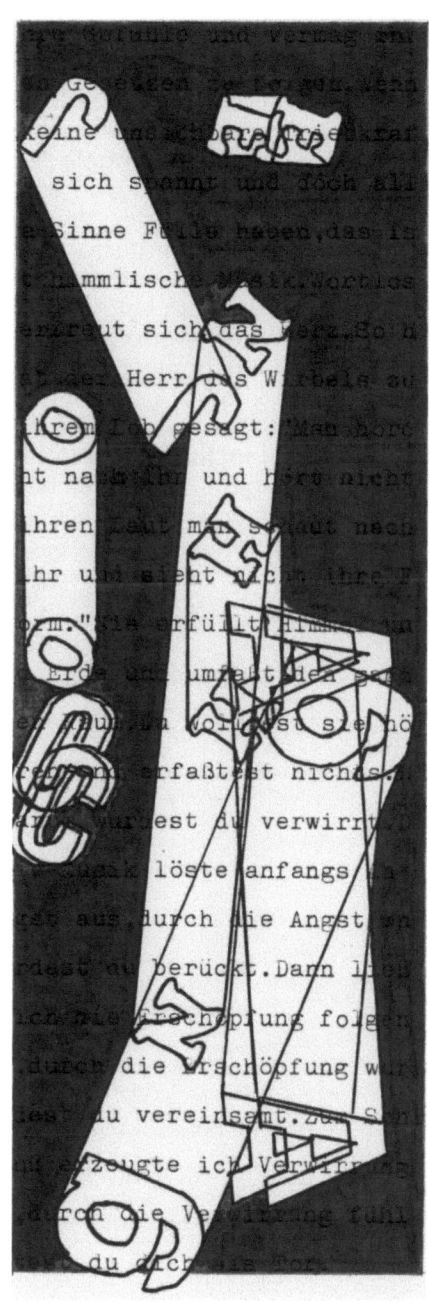

Epilog

1992 machten wir auf dem Rückweg vom Urlaub im Limousin/Frankreich einen Besuch bei Jackie Matisse in Villiers-sur-Grez, bei der wir eingeladen waren. Vor dem Haus saßen Esther Ferrer und Tom Johnson und tranken einen Bergerac Blanc. Jackie begrüßte uns mit den Worten: "John ist gestorben, wisst Ihr das?" Das war eine Woche vorher passiert, und wir wussten es nicht; denn im Urlaub hatte ich die Tagesnachrichten nicht verfolgt. Zum Abendessen kam auch Teeny Duchamp, sie hatte ihre Lippen wie für einen Ball knallrot geschminkt. Sie wollte Verena animieren: "You must eat, you must drink!" Wir aßen, tranken, lachten und erzählten uns Geschichten über Cage – ein fröhlicher, anregender Abend. Am nächsten Tag ging ich im Wald spazieren, ich musste weinen.

Peter Behrendsen

Autoren

Peter Behrendsen

geb. 1943 in Wiener Neustadt, Hörfunkregisseur und -autor, lebt in Köln.

1965 bis 1972 Studium der Theaterwissenschaft, Germanistik und Soziologie an der Uni Köln (MA); autodidaktisches Studium der elektronischen Musik; in den 70er und 80er Jahren Mitglied des Ensembles von Josef Anton Riedl; von 1977 bis 1987 Mitarbeiter von Klaus Schöning beim WDR-3 Hörspielstudio/Studio Akustische Kunst. 1979 bis 2009 Regisseur für Hörfunkproduktionen bei DLF und WDR. Beschäftigt sich als Rundfunkautor, Veranstalter, Performer und Dozent mit der „Archäologie der experimentellen Live-Elektronik" der 60er und 70er Jahre. Performer/Komponist eigener live-elektronischer, elektro-akustischer Stücke sowie von Text-Sound-Kompositionen. Betrachtet als seine wichtigsten Einflüsse die Zusammenarbeit mit John Cage, Alvin Lucier, Jackson Mac Low, Gerhard Rühm und David Tudor.

Gisela Gronemeyer

Herausgeberin der Zeitschrift *MusikTexte*.

PM Hamel

Geboren am 15. Juli 1947 in München, erhielt seinen ersten Klavierunterricht im Alter von fünf Jahren bei seiner Tante Amalie Jensen-Pietsch, später kamen Violine, Violoncello und Horn hinzu. 1965-70 studierte Hamel Komposition, erst privat bei Fritz Büchtger, anschließend an der Staatlichen Hochschule für Musik in München bei Günter Bialas. Im gleichen Zeitraum auch Musikwissenschaft bei Thrasybulos Georgiades und Carl Dahlhaus, Soziologie und Psychologie in München und Berlin, Beschäftigung mit Free Jazz, politischem Kabarett,

Musique Concrète und Elektronik. Schauspielmusik für Inszenierungen seines Vaters Kurt Peter Hamel (1911-1979).

Zwischen 1969 und 1974 arbeitete Hamel mit verschiedenen Komponisten zusammen, etwa mit John Cage, Morton Feldman und Terry Riley. Er nahm als Mitarbeiter von Josef Anton Riedl an dessen multimedialen Projekten teil, besuchte Seminare von Karlheinz Stockhausen, improvisierte mit Jazzmusikern, aber auch mit Luc Ferrari und Carl Orff.

Ab 1971 begann Hamel als Pianist, Organist, Sänger und Live-Elektroniker mit eigenen Werken aufzutreten und zahlreiche Tourneen mit dem Goethe-Institut zu unternehmen, die ihn in viele Länder der Welt führten. Auf mehreren Asienreisen beschäftigte er sich seit 1973 mit dem Studium fernöstlicher Gesangsstile und Tonsysteme.

Von 1997-2012 war Hamel als Professor für Komposition und Theorie an der Hamburger Hochschule für Musik und Theater tätig.

Mit dem 1998 gegründeten Interkulturellen Musikinstitut in Aschau/Chiemgau, dem Hauptwohnsitz seiner siebenköpfigen Familie, schuf Hamel ein über die Grenzen des akademischen Betriebs hinaus arbeitendes Forum für harmonikale Grundlagenforschung, akustische Kunst, Ethnomusikologie, Gruppenimprovisation, sowie Stimm- und Gruppenarbeit.

Vollständige biographische Angaben s. Webseite: *www.p-m-hamel.de*

hans w. koch

als künstler beschäftigt sich hans w. koch am liebsten mit offensichtlichem, aber nicht-naheliegendem. er betrachtet kunst im allgemeinen als ausformung von gedanken in unterschiedlichen materialien und favorisiert persönlich konzeptuelle ansätze: mehr gedanke, weniger material. als resultat können partituren, performances oder installationen entstehen, aber auch tagträume oder gar kein ergebnis. seit 2016 arbeitet er auch als professor für sound an der kunsthochschule für Medien Köln.

Walter Zimmermann

geboren am 15.4.1949 in Schwabach (Mittelfranken), lernt Violine und Oboe, Klavierunterricht bei Ernst Gröschel; 1968-70 Pianist im ars-nova-ensemble Nürnberg; Kompositionsstudium bei Werner Heider; 1970-73 Studien bei Mauricio Kagel (Kölner Kurse für Neue Musik), im Institut für Sonologie in Utrecht (mit O. E. Laske); 1974 Hamilton, NY., Computermusik.

Buchpublikationen: „Desert Plants", John Cage „Empty Mind"; Transkription und Edition des in der New York Public Library gefundenen Klavierwerks Sixteen Dances von John Cage; Chan Mi Gong, Lehrbuch von Liu Han-Wen; Novalis ABC-Buch mit Josef Schreier; Journée d'études internationale Walter Zimmermann, Strasbourg GREAM; Herausgabe des Wohltemperierten Klaviers I-II mit Herbert Henck und des Bach-Tagebuchs von Herbert Henck; „Wittgenstein über Musik".

Lehrtätigkeit (chronologisch) u.a.: Darmstädter Ferienkurse, Koninglijk Konservatorium Den Haag, Karlsruhe, ESMUC Barcelona, an der Columbia University NYC, am New England Conservatory Boston, der Julliard School, Columbia University, NYC, des Shanghai Conservatory, Beijing Central Conservatory, der Cornell University, Ithaca, NY., Professur für Komposition an der Hochschule der Künste Berlin.

W.Z.s Biographie ist gekürzt und kann vollständig auf seiner Webseite „http://beginner-press.de" eingesehen werden.